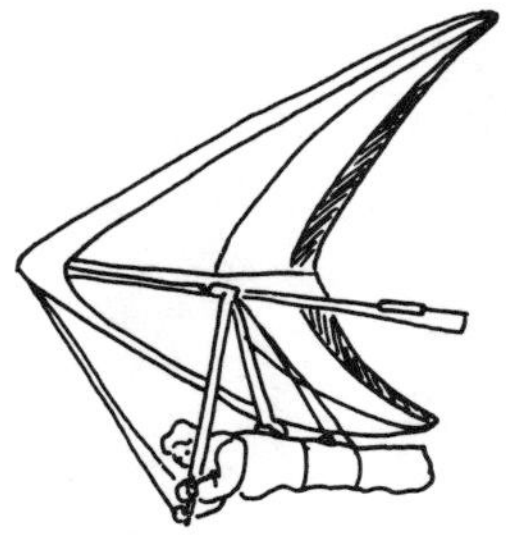	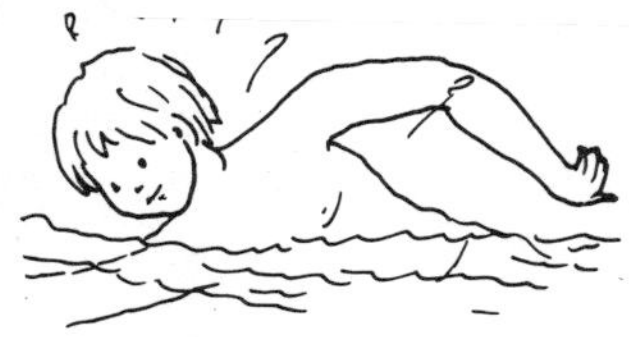
gehen ich gehe er geht	laufen ich laufe er läuft	fliegen ich fliege er fliegt	schwimmen ich schwimme er schwimmt
er ging er ist gegangen	er lief er ist/hat gelaufen	er flog er ist/hat geflogen	er schwamm er ist/hat geschwommen

fahren ich fahre er fährt	springen ich springe er springt	reiten ich reite er reitet	wandern ich wandere er wandert
er fuhr er ist/hat gefahren	er sprang er ist gesprungen	er ritt er ist/hat geritten	er wanderte er ist gewandert

Bd. 94. Heiner Müller/Heidi Otten-Lottermoser: Kombispiele zum Deutschlernen II

rufen ich rufe er ruft	sprechen ich spreche er spricht	singen ich singe er singt	lachen ich lache er lacht
er rief er hat gerufen	er sprach er hat gesprochen	er sang er hat gesungen	er lachte er hat gelacht

weinen ich weine er weint	zählen ich zähle er zählt	telefonieren ich telefoniere er telefoniert	schimpfen ich schimpfe er schimpft
er weinte er hat geweint	er zählte er hat gezählt	er telefonierte er hat telefoniert	er schimpfte er hat geschimpft

Bd. 94. Heiner Müller/Heidi Otten-Lottermoser: Kombispiele zum Deutschlernen II

lesen ich lese er liest	malen ich male er malt	rechnen ich rechne er rechnet	schreiben ich schreibe er schreibt
er las er hat gelesen	er malte er hat gemalt	er rechnete er hat gerechnet	er schrieb er hat geschrieben
	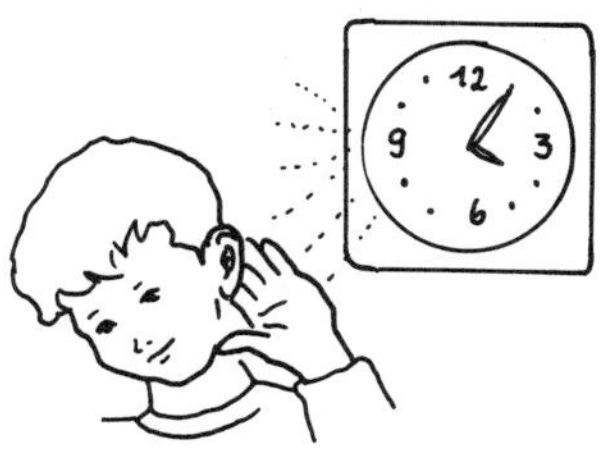		
schneiden ich schneide er schneidet	hören ich höre er hört	sehen ich sehe er sieht	riechen ich rieche er riecht
er schnitt er hat geschnitten	er hörte er hat gehört	er sah er hat gesehen	er roch er hat gerochen

Bd. 94. Heiner Müller/Heidi Otten-Lottermoser: Kombispiele zum Deutschlernen II

fangen ich fange er fängt	werfen ich werfe er wirft	turnen ich turne er turnt	rutschen ich rutsche er rutscht
er fing er hat gefangen	er warf er hat geworfen	er turnte er hat geturnt	er rutschte er ist gerutscht

klettern ich klettere er klettert	tanzen ich tanze er tanzt	tauchen ich tauche er taucht	spielen ich spiele er spielt
er kletterte er ist/hat geklettert	er tanzte er hat getanzt	er tauchte er ist/hat getaucht	er spielte er hat gespielt

Bd. 94. Heiner Müller/Heidi Otten-Lottermoser: Kombispiele zum Deutschlernen II

kaufen ich kaufe er kauft	kochen ich koche er kocht	waschen ich wasche er wäscht	putzen ich putze er putzt
er kaufte er hat gekauft	er kochte er hat gekocht	er wusch er hat gewaschen	er putzte er hat geputzt

nähen ich nähe er näht	essen ich esse er ißt	trinken ich trinke er trinkt	bezahlen ich bezahle er bezahlt
er nähte er hat genäht	er aß er hat gegessen	er trank er hat getrunken	er bezahlte er hat bezahlt

Bd. 94. Heiner Müller/Heidi Otten-Lottermoser: Kombispiele zum Deutschlernen II

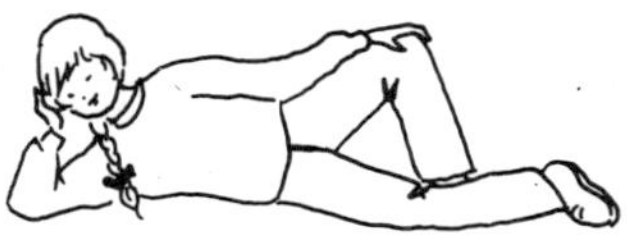			
liegen ich liege er liegt	sitzen ich sitze er sitzt	stehen ich stehe er steht	hängen ich hänge er hängt
er lag er ist/hat gelegen	er saß er ist/hat gesessen	er stand er ist/hat gestanden	er hing/hängte er hat gehangen/gehängt

schlafen ich schlafe er schläft	fallen ich falle er fällt	ziehen ich ziehe er zieht	schieben ich schiebe er schiebt
er schlief er hat geschlafen	er fiel er ist gefallen	er zog er ist/hat gezogen	er schob er hat geschoben

Bd. 94. Heiner Müller/Heidi Otten-Lottermoser: Kombispiele zum Deutschlernen II

beißen ich beiße er beißt	frieren ich friere er friert	schwitzen ich schwitze er schwitzt	zeigen ich zeige er zeigt
er biß er hat gebissen	er fror er hat gefroren	er schwitzte er hat geschwitzt	er zeigte er hat gezeigt
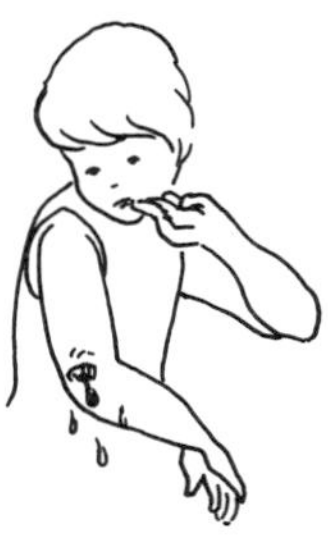			
bluten ich blute er blutet	baden ich bade er badet	bauen ich baue er baut	tragen ich trage er trägt
er blutete er hat geblutet	er badete er hat gebadet	er baute er hat gebaut	er trug er hat getragen

Bd. 94. Heiner Müller/Heidi Otten-Lottermoser: Kombispiele zum Deutschlernen II

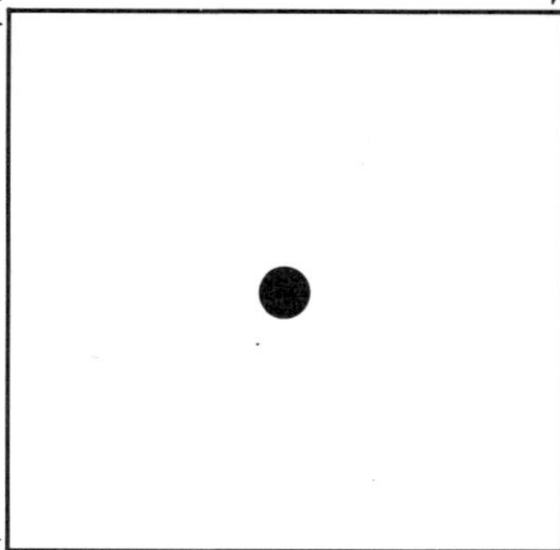
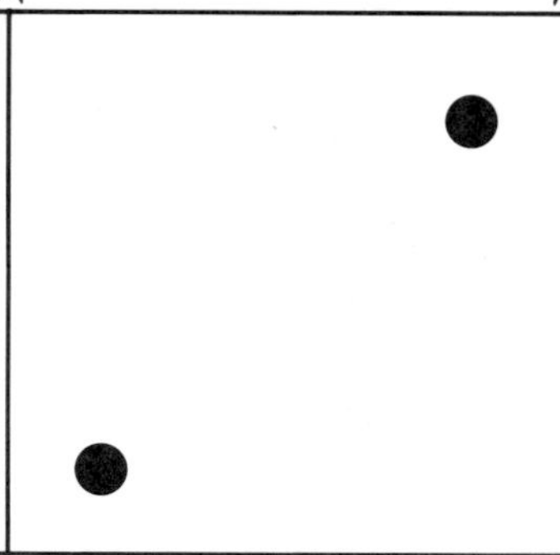
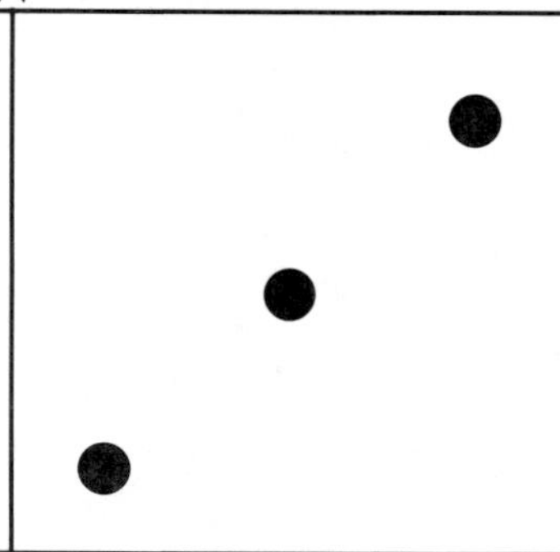
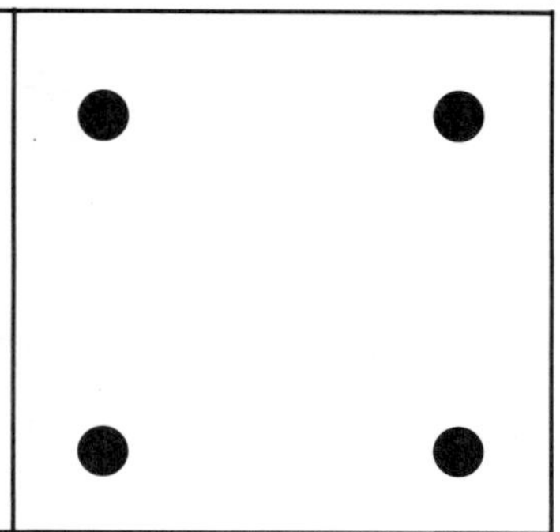

1 eins	2 zwei	3 drei	4 vier

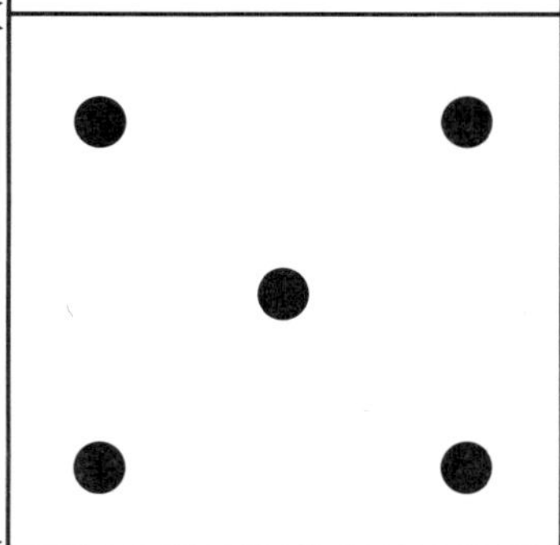
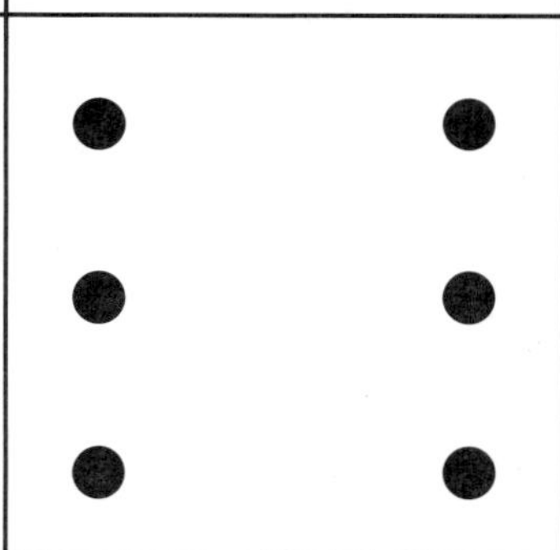
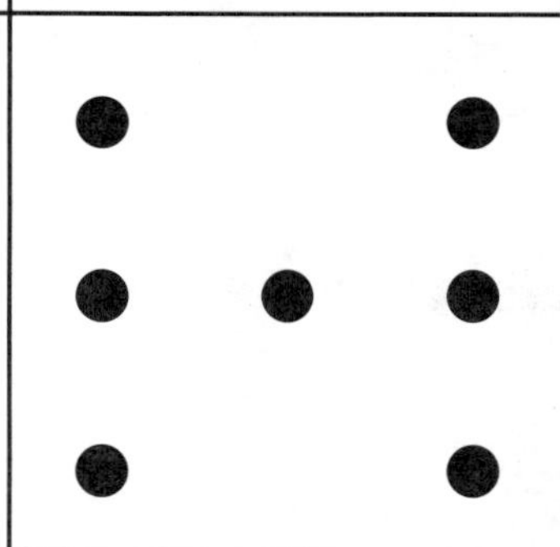
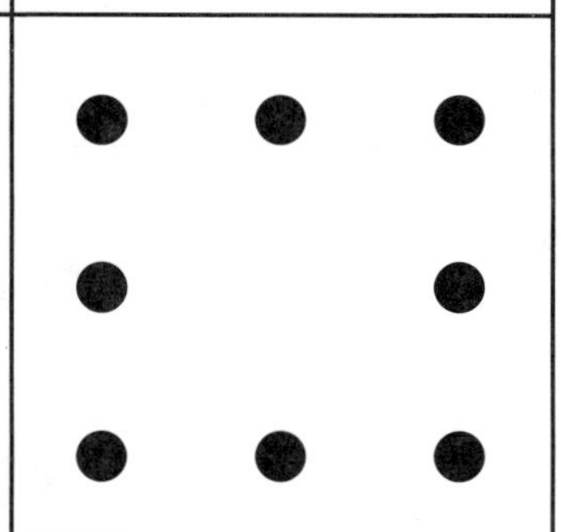

5 fünf	6 sechs	7 sieben	8 acht

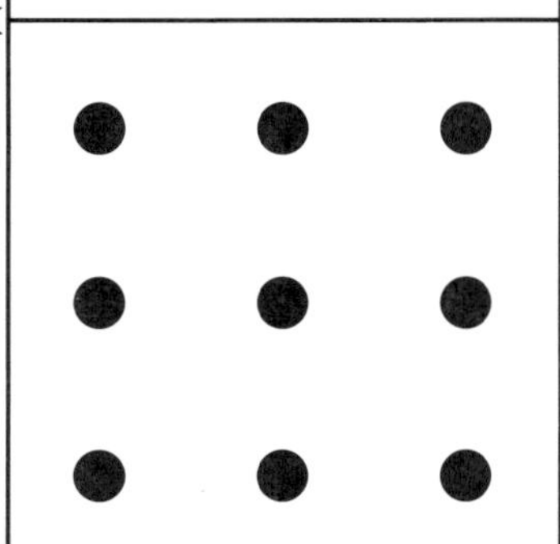
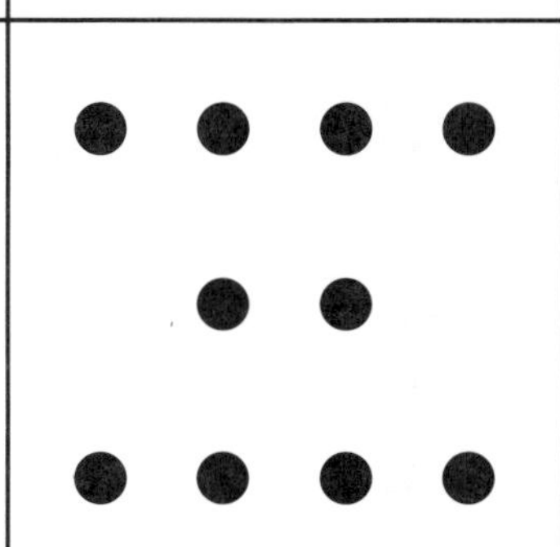
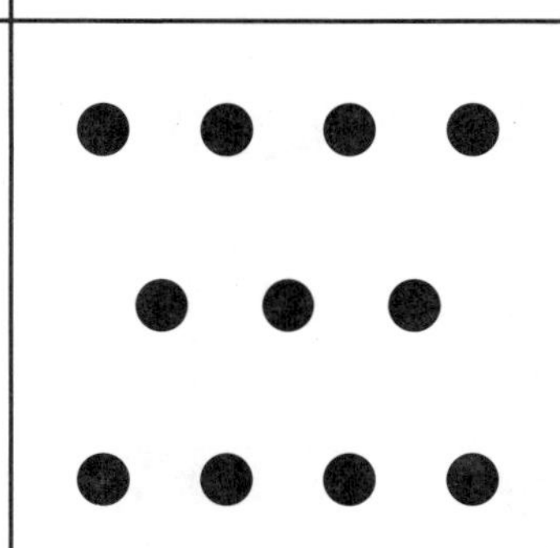
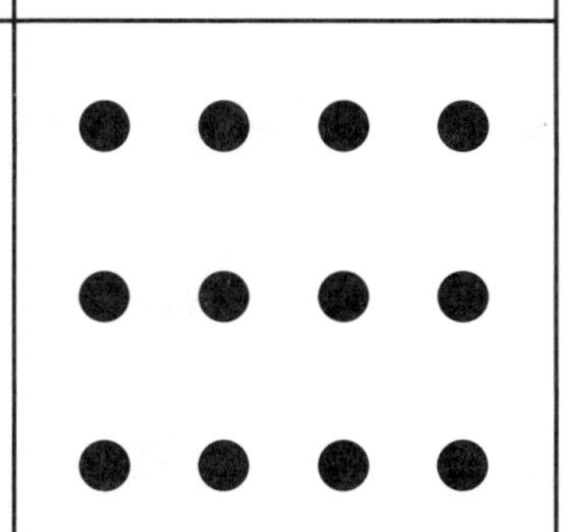

9 neun	10 zehn	11 elf	12 zwölf

Bd. 94. Heiner Müller/Heidi Otten-Lottermoser: Kombispiele zum Deutschlernen II

der Korb

die Geldbörse

die Dose

der Einkaufswagen

das Regal

der Kassenzettel

das Geld

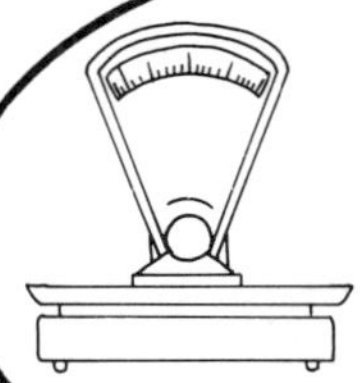

die Verkäuferin

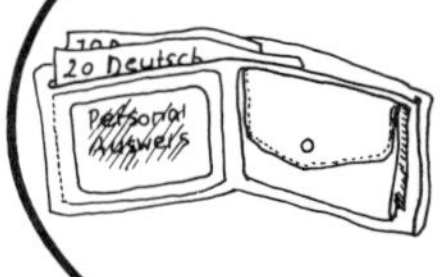

die Flasche

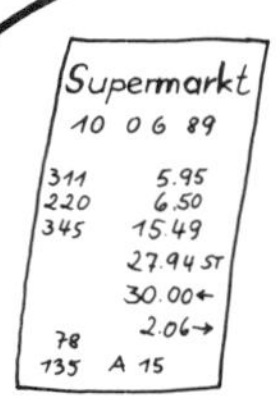

die Waage

die Kasse

die Tragetasche

Bd. 94. Heiner Müller/Heidi Otten-Lottermoser: Kombispiele zum Deutschlernen II

der Patient

die Spritze

die Tablette

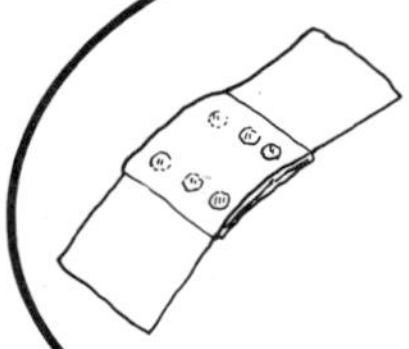

das Rezept

das Pflaster

der Kranken-wagen

der Verband

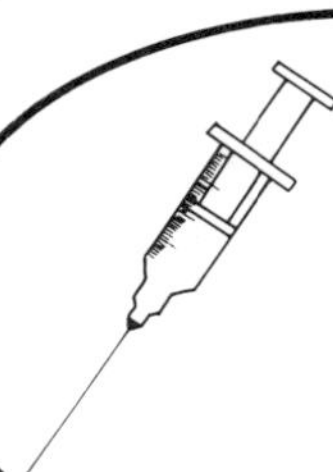

der Arzt

das Fieber-thermometer

die Medizin

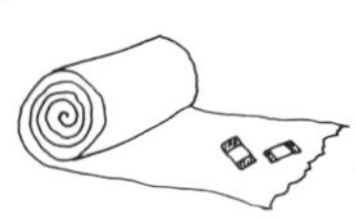

die Salbe

die Kranken-schwester

Bd. 94. Heiner Müller/Heidi Otten-Lottermoser: Kombispiele zum Deutschlernen II

das Meer

der Bach

das Gebirge

der See

der Fluß

das Tal

der Felsen

die Insel

der Wasserfall

der Berg

der Strand

die Küste

Bd. 94. Heiner Müller / Heidi Otten-Lottermoser: Kombispiele zum Deutschlernen II

acht	zwei	sieben	neun
3	6	11	5
vier	drei	sechs	zehn
9	12	1	8
elf	zwölf	fünf	eins
2	7	10	4

Bd. 94. Heiner Müller/Heidi Otten-Lottermoser: Kombispiele zum Deutschlernen II

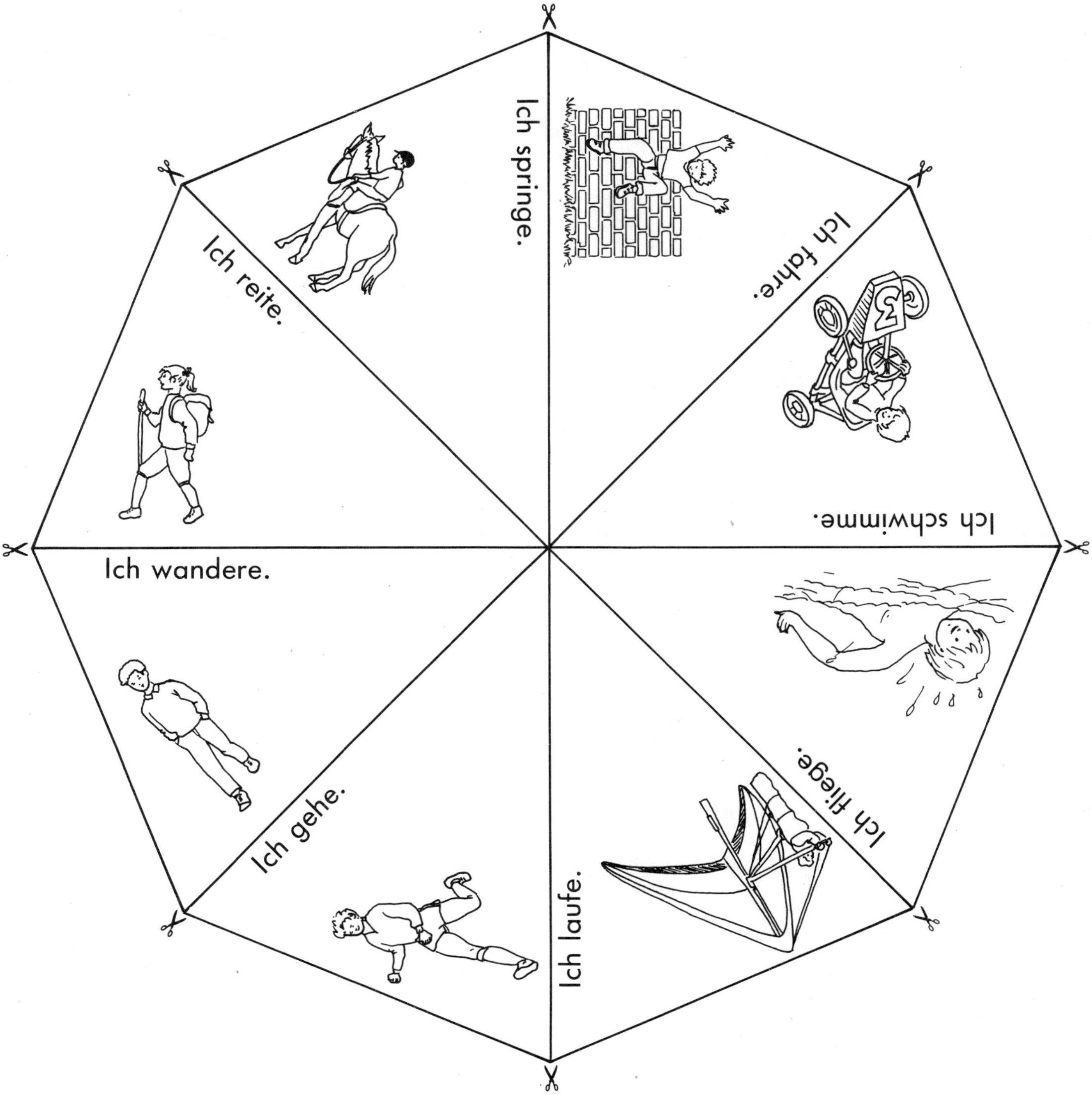
Ich springe.
Ich fahre.
Ich schwimme.
Ich fliege.
Ich laufe.
Ich gehe.
Ich wandere.
Ich reite.

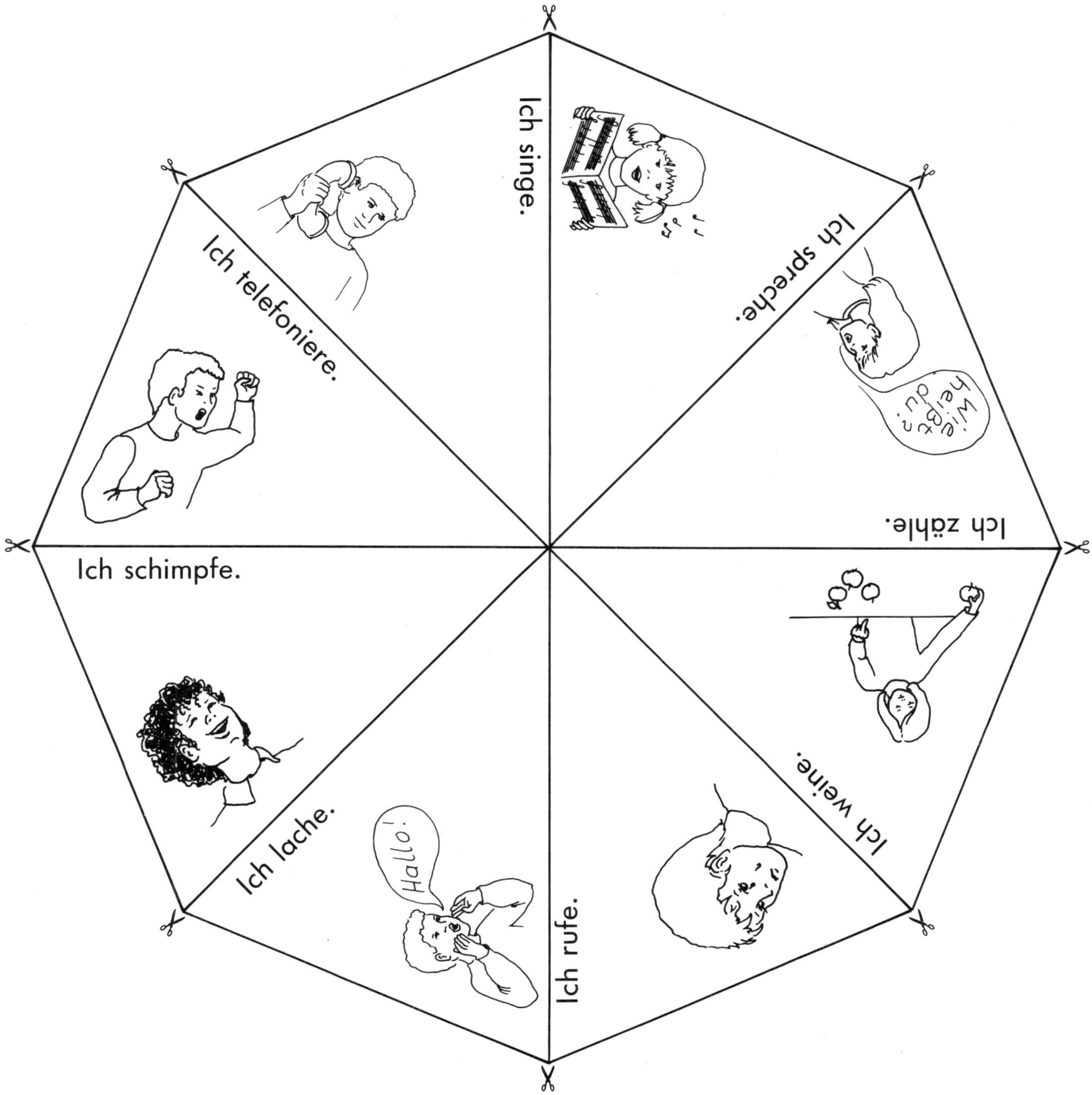
Ich singe.
Ich spreche.
Wie heißt du?
Ich zähle.
Ich weine.
Ich rufe.
Hallo!
Ich lache.
Ich schimpfe.
Ich telefoniere.

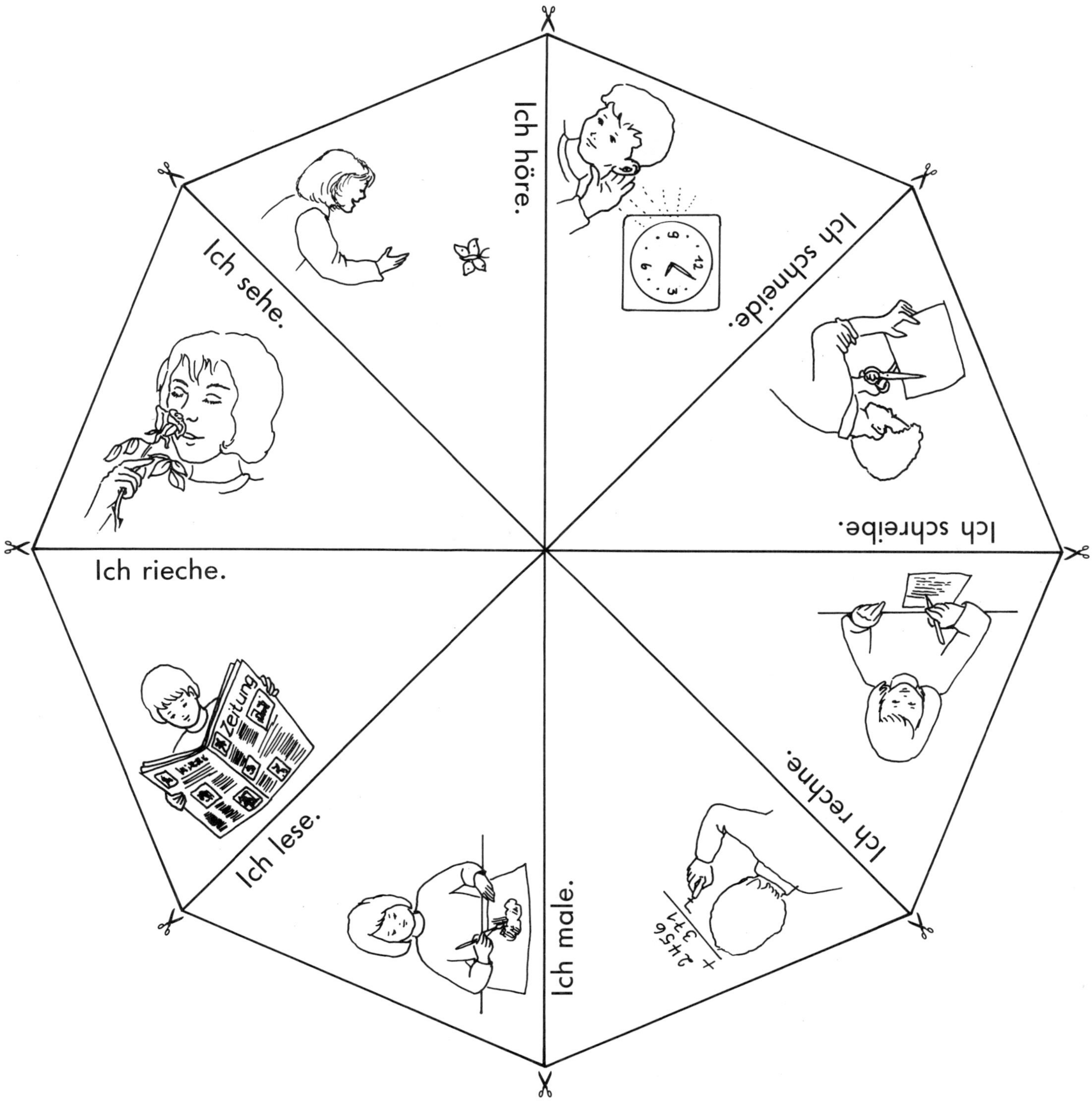
Ich höre.
Ich schneide.
Ich schreibe.
Ich rechne.
Ich male.
Ich lese.
Ich rieche.
Ich sehe.
Zeitung

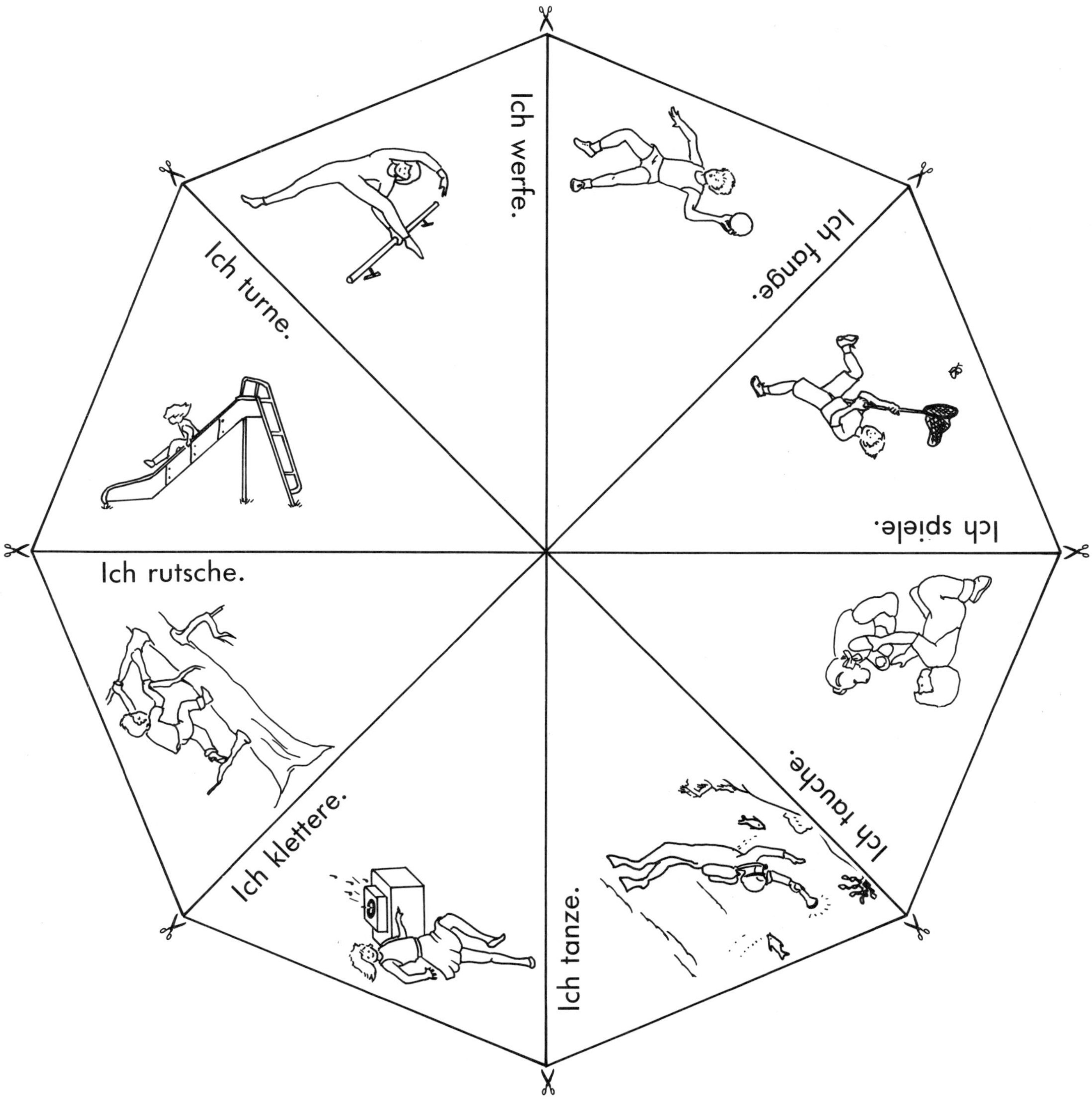

Bd. 94. Heiner Müller/Heidi Otten-Lottermoser: Kombispiele zum Deutschlernen II

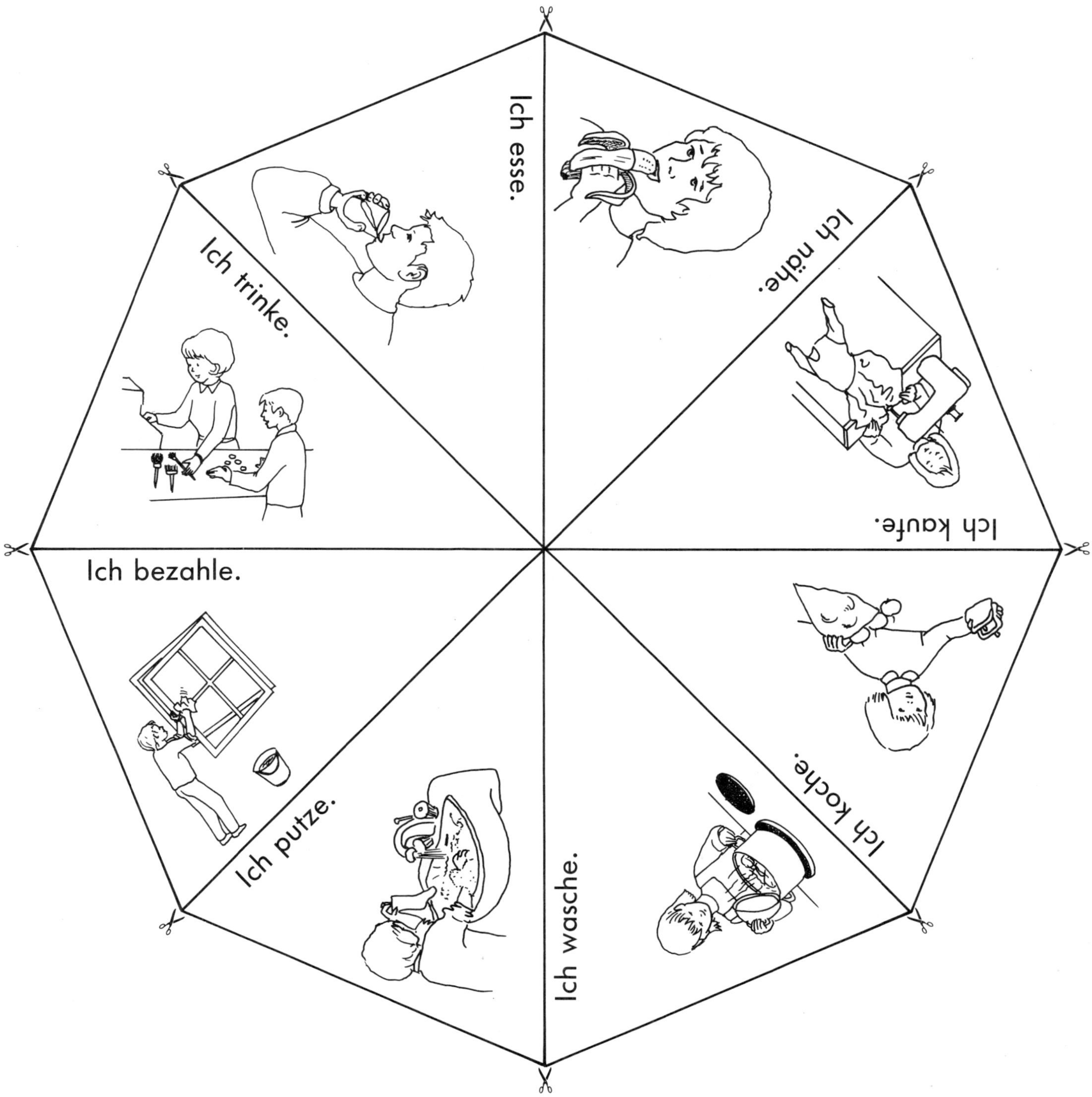

Bd. 94. Heiner Müller/Heidi Otten-Lottermoser: Kombispiele zum Deutschlernen II

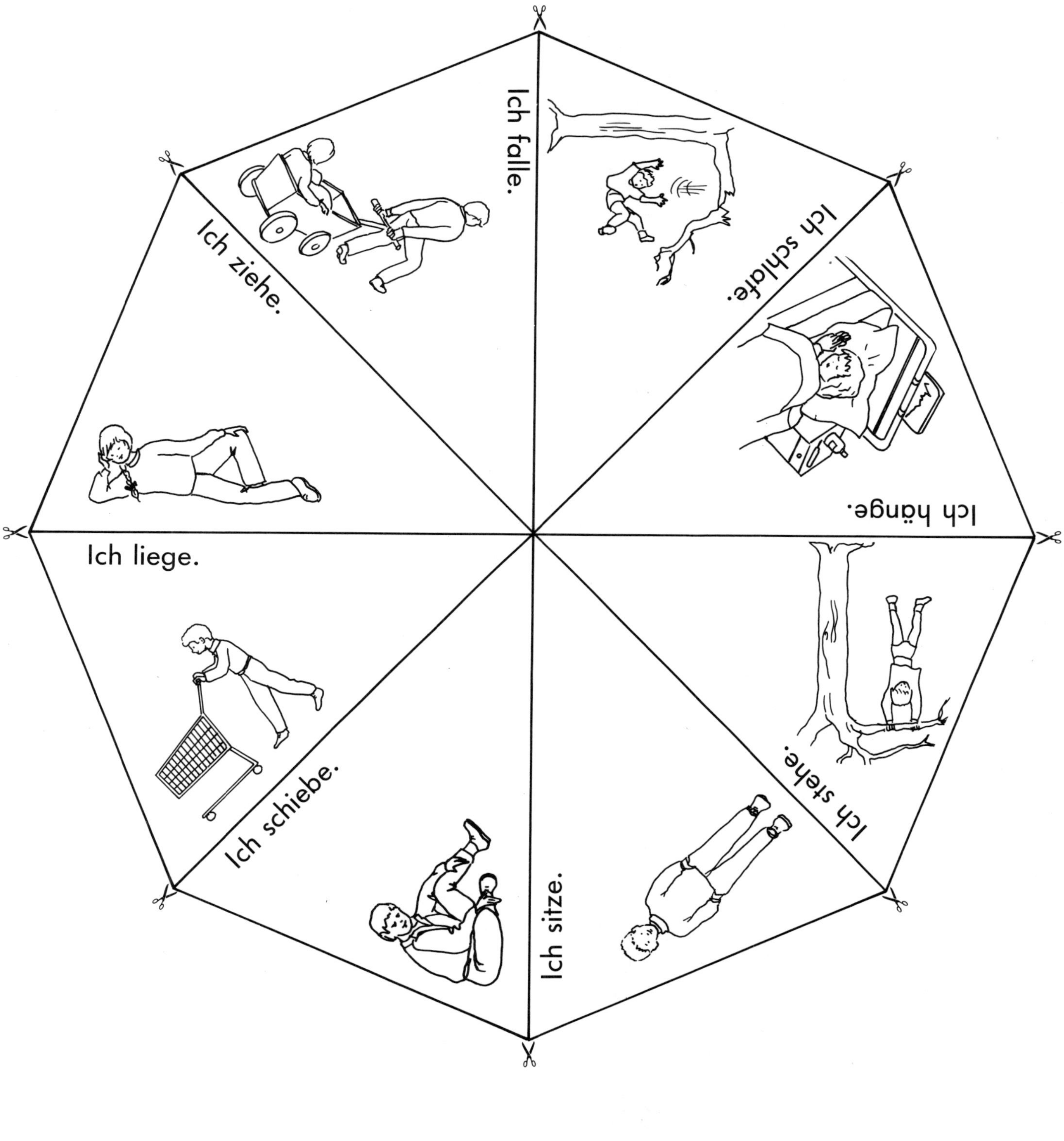

Bd. 94. Heiner Müller/Heidi Otten-Lottermoser: Kombispiele zum Deutschlernen II

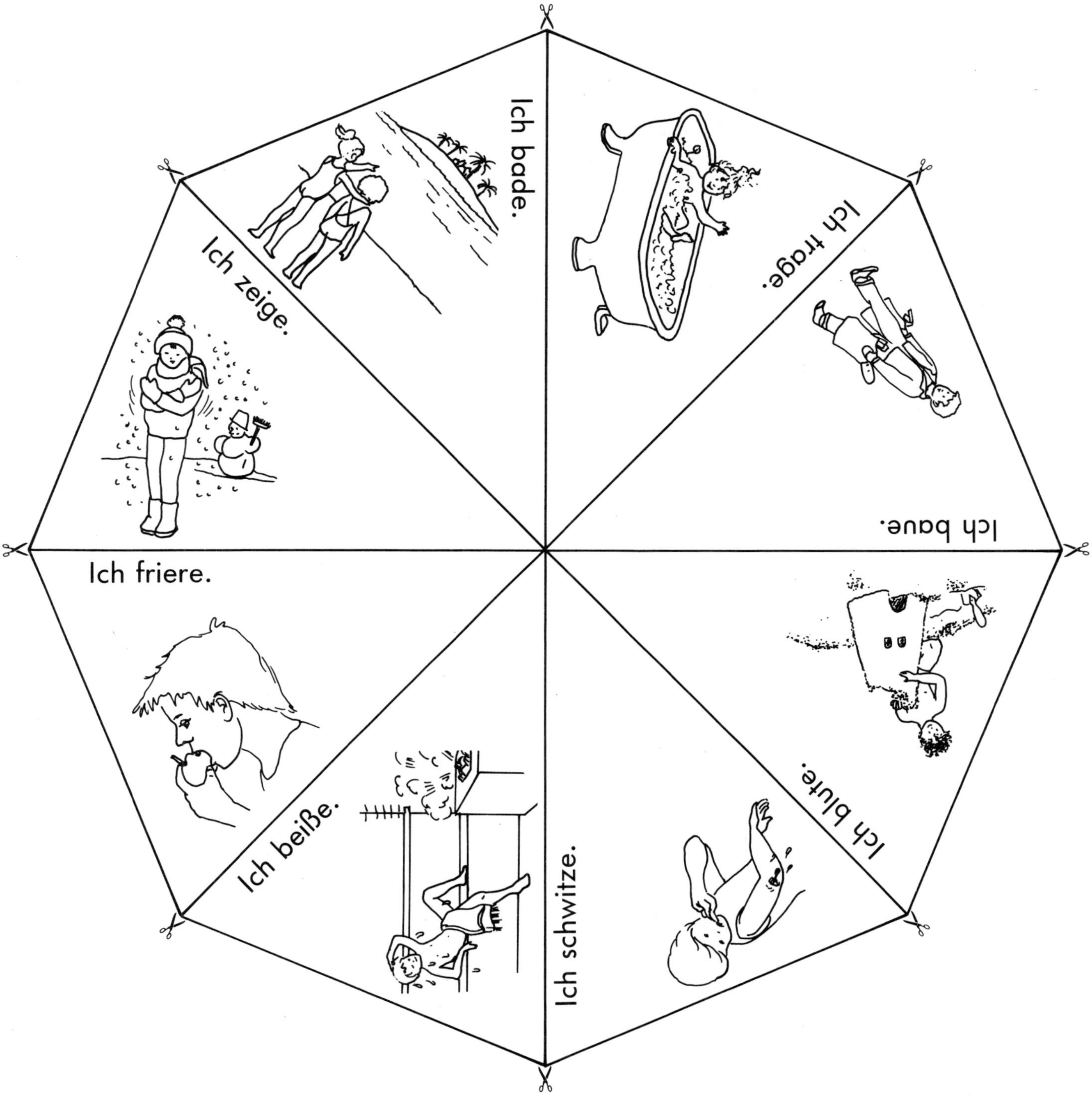
Ich bade.
Ich trage.
Ich baue.
Ich blute.
Ich schwitze.
Ich beiße.
Ich friere.
Ich zeige.

krumm

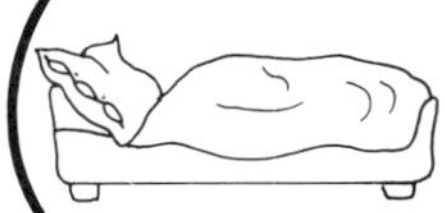

neu

teuer

spitz

hart

eckig

stumpf

gerade

rund

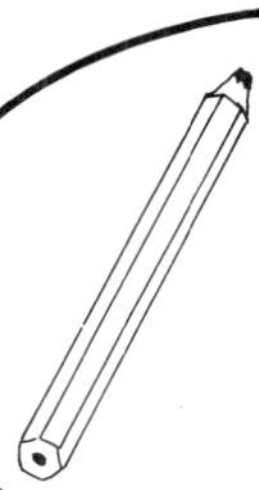

weich

alt

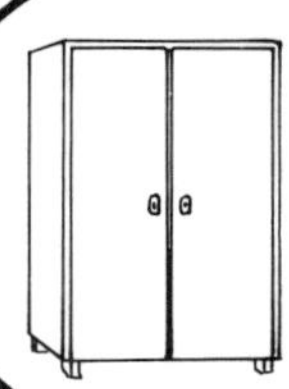

billig

Bd. 94. Heiner Müller/Heidi Otten-Lottermoser: Kombispiele zum Deutschlernen II

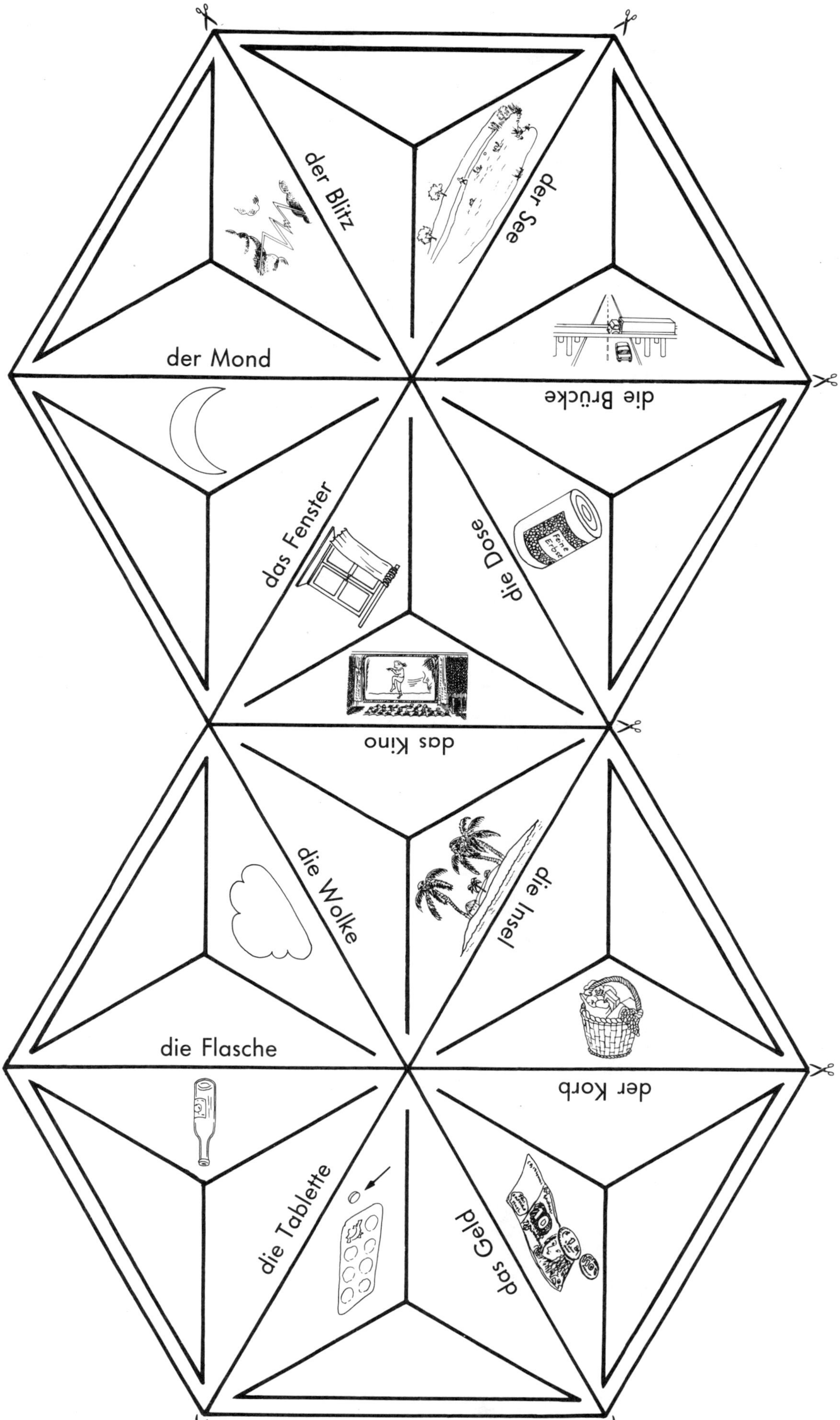

Bd. 94. Heiner Müller/Heidi Otten-Lottermoser: Kombispiele zum Deutschlernen II

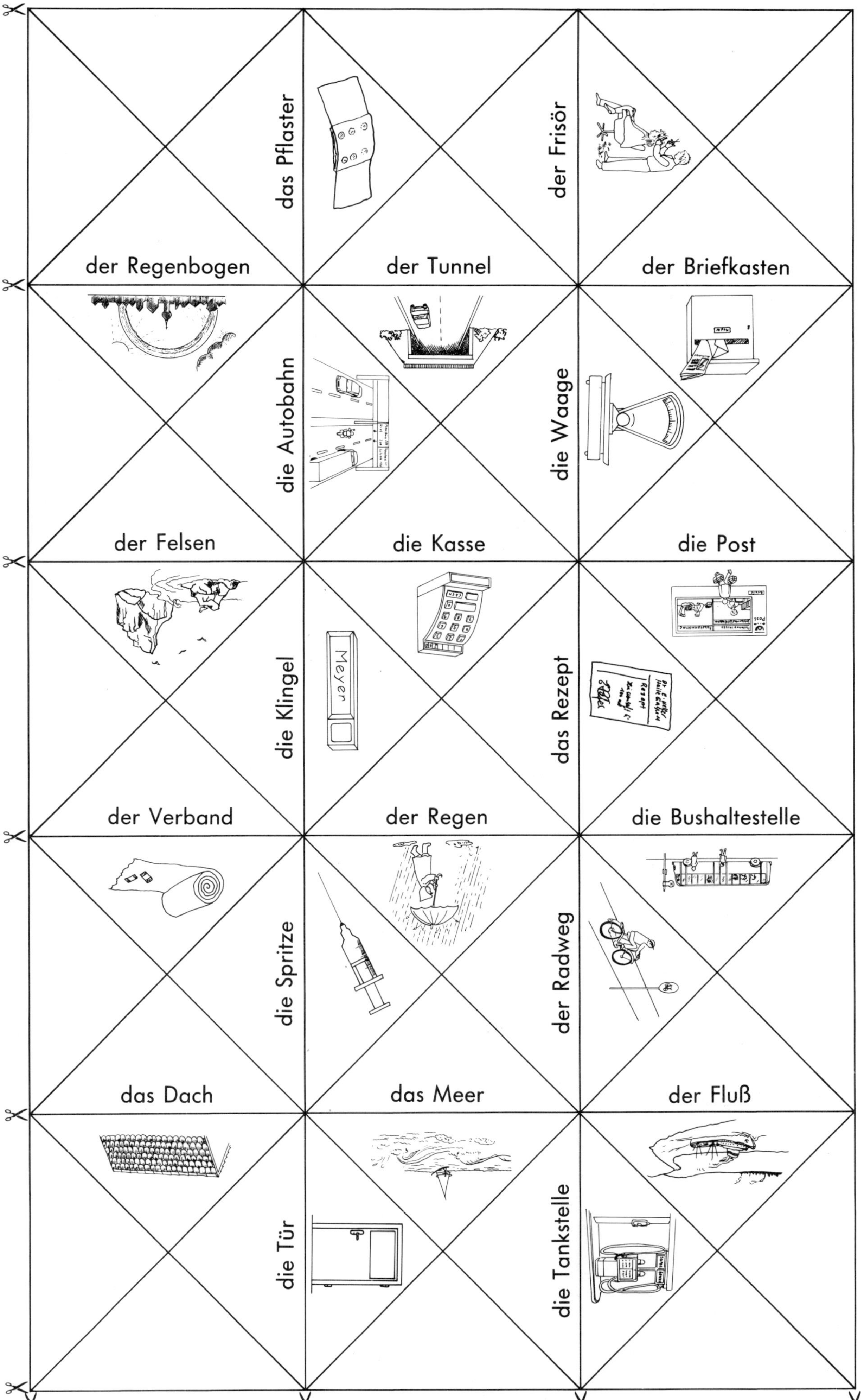
das Pflaster
der Frisör
der Regenbogen
der Tunnel
der Briefkasten
die Autobahn
die Waage
der Felsen
die Kasse
die Post
die Klingel
Meyer
das Rezept
der Verband
der Regen
die Bushaltestelle
die Spritze
der Radweg
das Dach
das Meer
der Fluß
die Tür
die Tankstelle

der Strand

das Wohnzimmer

die Krankenschwester

die Kreuzung

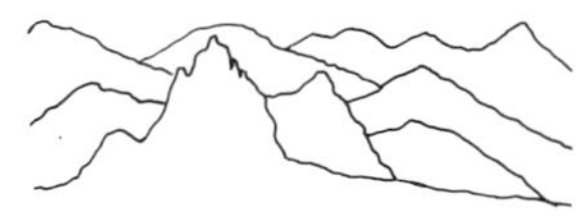

die Treppe

das Schlafzimmer

das Restaurant

die Eisdiele

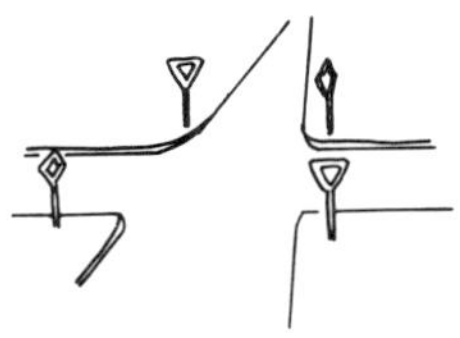

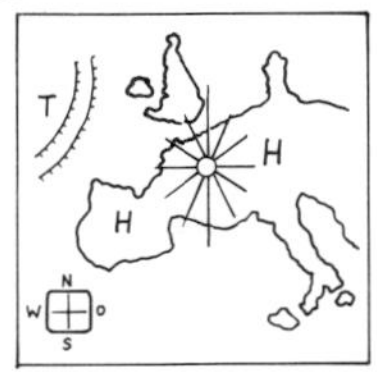

der Krankenwagen

die Apotheke

die Wetterkarte

der Fußgängerüberweg

das Regal

der Schnee

das Gebirge

der Einkaufswagen

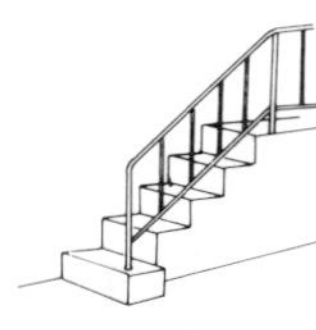

Bd. 94. Heiner Müller/Heidi Otten-Lottermoser: Kombispiele zum Deutschlernen II

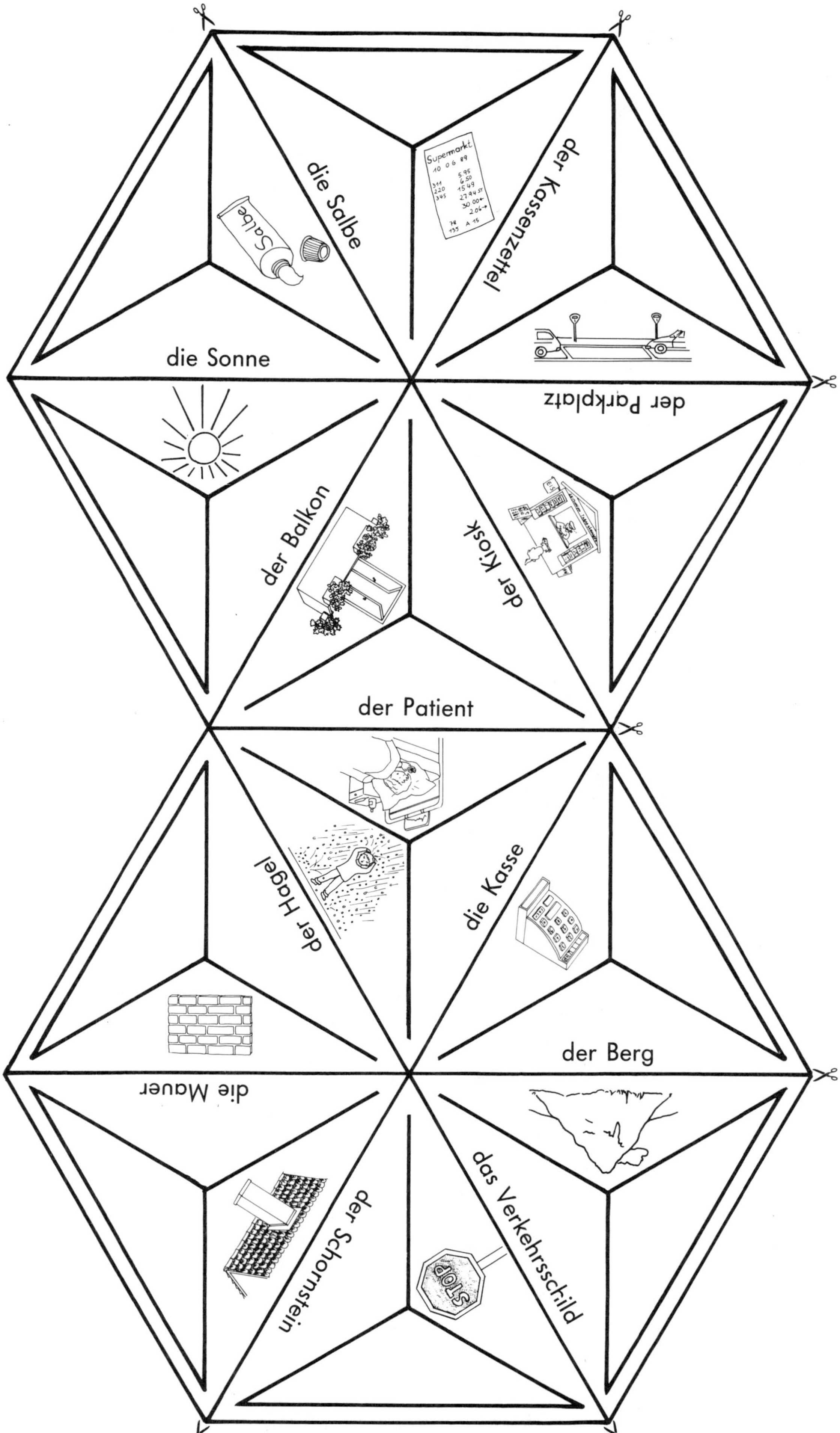

Bd. 94. Heiner Müller/Heidi Otten-Lottermoser: Kombispiele zum Deutschlernen II

der Gehweg

das Fenster

die Bäckerei

die Medizin

die Geldbörse

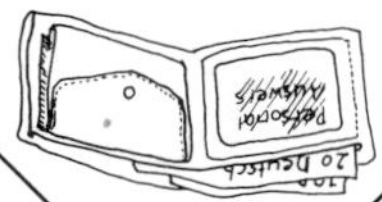

der Sturm

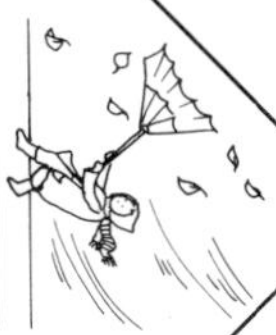

der Bahnhof

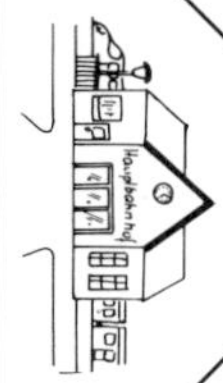

die Küste

die Straßenlaterne

der Wind

das Fieberthermometer

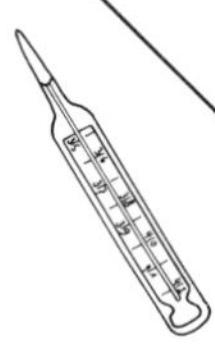

die Wolke

das Kinderzimmer

der Wasserfall

der Nebel

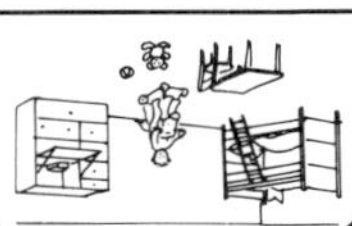

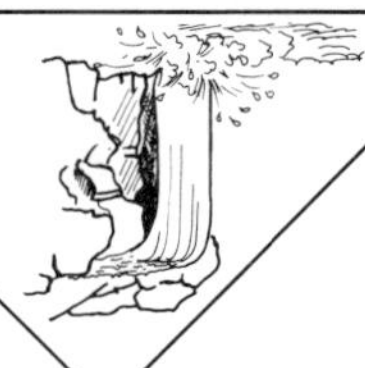

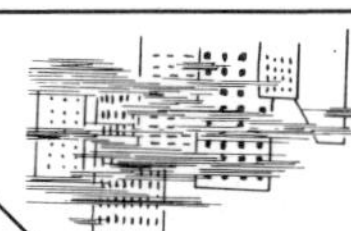

das Schuhgeschäft

das Tal

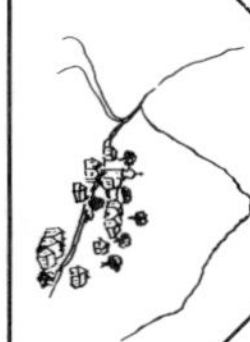

die Ampel

die Tragetasche

die Bank

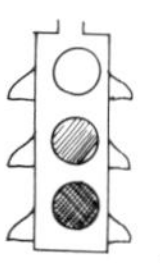

der Arzt

der Bach

Bd. 94. Heiner Müller/Heidi Otten-Lottermoser: Kombispiele zum Deutschlernen II

laufen | fangen | klettern | rufen

schimpfen | rechnen | nähen | bezahlen

fallen | frieren | tragen | tauchen

lachen | essen | zeigen | riechen

Bd. 94. Heiner Müller/Heidi Otten-Lottermoser: Kombispiele zum Deutschlernen II

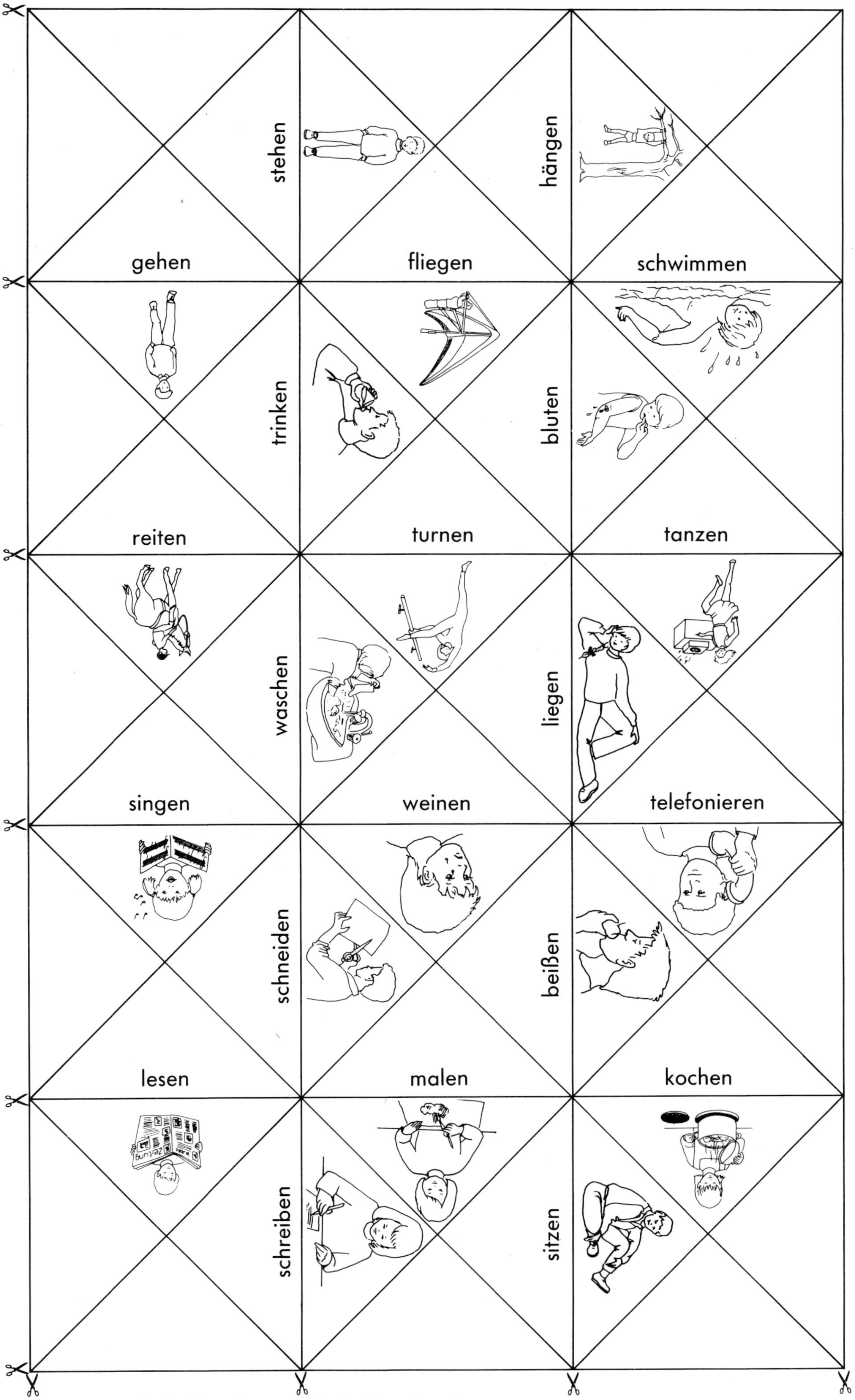

Bd. 94. Heiner Müller/Heidi Otten-Lottermoser: Kombispiele zum Deutschlernen II

fahren	werfen	sprechen	zählen

springen	hören	putzen	ziehen

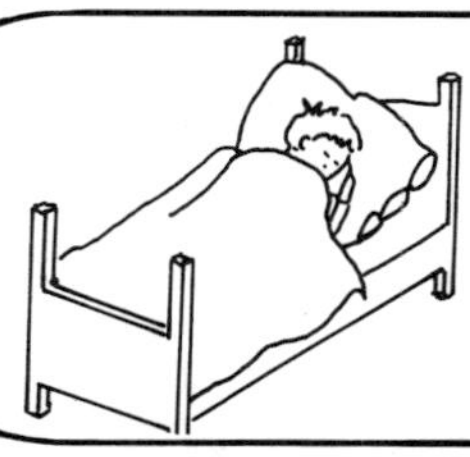

sehen	rutschen	wandern	baden

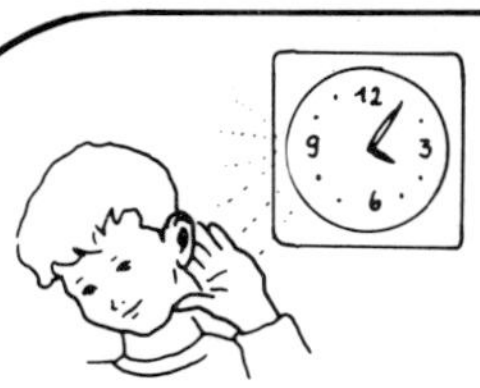

kaufen	schlafen	bauen	spielen

Bd. 94. Heiner Müller/Heidi Otten-Lottermoser: Kombispiele zum Deutschlernen II

groß

breit

warm

leicht

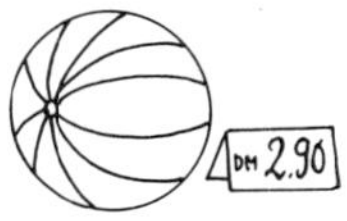

teuer

alt

tief

laut

schmal

neu

klein

billig

schwer

leise

kalt

flach

Bd. 94. Heiner Müller / Heidi Otten-Lottermoser: Kombispiele zum Deutschlernen II

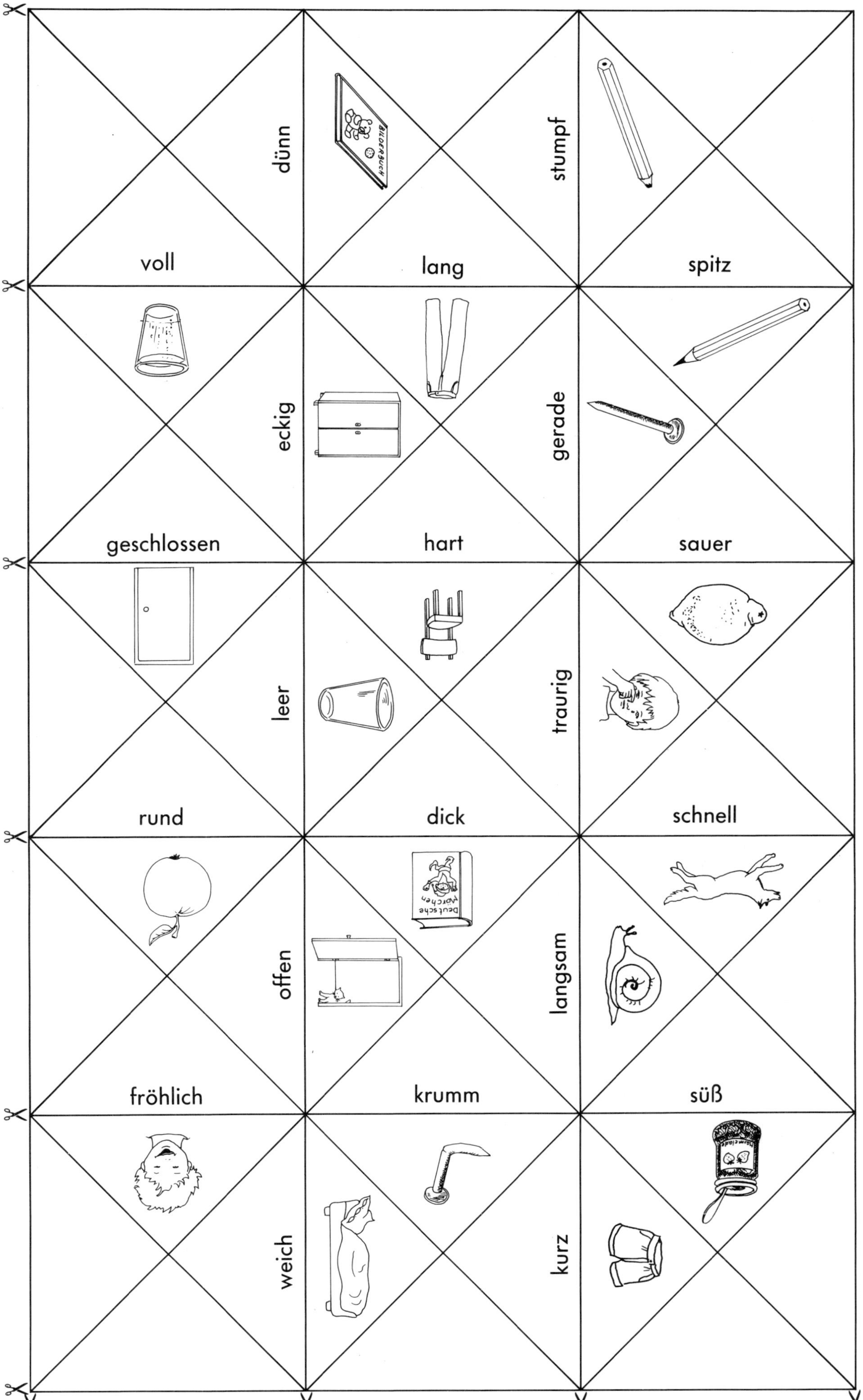

Bd. 94. Heiner Müller/Heidi Otten-Lottermoser: Kombispiele zum Deutschlernen II

naß

offen

hell

weich

krank

schmutzig

trocken

traurig

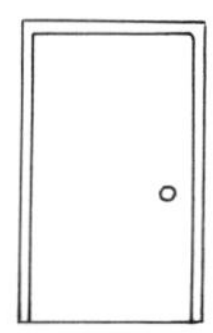

geschlossen

sauber

fröhlich

hungrig

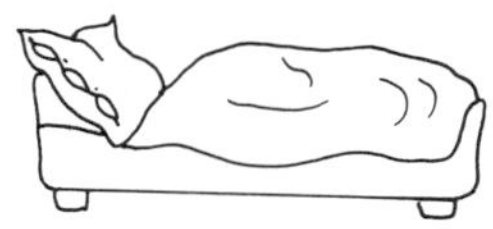

satt

dunkel

hart

gesund

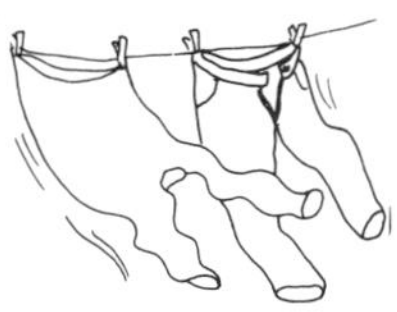

Bd. 94. Heiner Müller/Heidi Otten-Lottermoser: Kombispiele zum Deutschlernen II